Ines Tomaschewski

Nierendiät & Dialyse Kochbuch

Alle Ratschläge in diesem Buch wurden vom Autor und vom Verlag sorgfältig erwogen und geprüft. Eine Garantie kann dennoch nicht übernommen werden. Eine Haftung des Autors beziehungsweise des Verlags für jegliche Personen-, Sach- und Vermögensschäden ist daher ausgeschlossen.

Email: info@edition-lunerion.de
www.edition-lunerion.de

Psiana eCom UG
Berumer Str. 44
26844 Jemgum

Vorwort

Seit Dialysebeginn steht Ihr Leben auf dem Kopf? Sie sind sich unsicher, mit welchen Lebensmitteln Sie Ihrem Körper überhaupt noch einen Gefallen tun? Und gleichzeitig soll zumindest auf dem Teller nicht der Verzicht im Vordergrund stehen? Dann ist dieses Kochbuch Ihr perfekter Behandlungs-Begleiter!

Gehören Blutwäscheverfahren und gesundheitliche Sorgen zu Ihrem Alltag, so bleibt dabei nicht selten der Genuss auf der Strecke: Doch gerade jetzt sind gesunde Ernährung einerseits und unbeschwerte Genussmomente andererseits entscheidend für Ihr Wohlbefinden und die Rezepte in diesem Buch bringen beides ganz einfach unter einen Hut. Erfahren Sie zunächst kompakt und verständlich alles, was Sie rund um Phosphor, Natrium, Kalium und weitere wichtige Nährstoffe wissen müssen, machen Sie sich mit der Funktionsweise Ihrer Nieren vertraut, lernen Sie weitere Unterstützungsmöglichkeiten kennen und finden Sie heraus, welche Lebensmittel geeignet sind. Anschließend wird's genussvoll: Schlemmen Sie sich kreuz und quer durch eine Riesenvielfalt an köstlichen Gerichten, die perfekt auf Ihre gesundheitlichen Bedürfnisse abgestimmt sind, und erleben Sie von Frühstück über Hauptgericht bis hin zu Snacks und Desserts Hochgenuss bei bestem Gewissen. Ob Veggie, Fischfreund oder Fleischliebhaber, hier ist für alle Geschmäcker reichlich Auswahl geboten, sodass Sie jeden Tag neue Lieblingsleckereien entdecken.

Guten Appetit!

INHALT

Grundlagen der Ernährung bei Dialyse

DIE BEDEUTUNG VON GESUNDER ERNÄHRUNG FÜR DIALYSEPATIENTEN

Die Ernährung während einer Dialysebehandlung ist für Patienten von großer Bedeutung. Denn nachdem die Nieren ihre Arbeit eingestellt haben oder diese stark eingeschränkt ist, geraten viele Werte im Blut außer Kontrolle. Das gilt es, durch gezielte Ernährung während der Dialyse wieder auszugleichen. Durch phosphorarme Gerichte sorgen die Patienten an dieser Stelle beispielsweise dafür, dass der Phosphorgehalt im Blut nicht weiter ansteigt. Doch auch in andere Richtungen sollten Patienten stets ausreichend informiert sein, wenn es darum geht, was sie während der Dialyse essen dürfen und was nicht.

Dialysepatienten sollten neben Phosphor auch Natrium und Kalium kennen. Diese drei Stoffe werden in den kommenden Monaten gemeinsam mit Eiweißen einen großen Teil in Ihrer Ernährungsplanung einnehmen. Lebensmittel, die Sie bis heute möglicherweise täglich gegessen haben, werden Sie in Zukunft komplett aus Ihrer Küche verbannen müssen. Zu hoch sind die Risiken von Herz-Gefäß- oder Nierenschäden. Ein hoher Konsum von Kartoffeln, die falsch zubereitet wurden, könnte der Dialyse beispielsweise entgegenwirken.

Einen großen Teil macht natürlich die Dialyse selbst, und auch die Medikamente, die Sie möglicherweise einnehmen müssen, sind essenziell und haben ihre Wirkung. Jedoch haben Sie als Patient selbst auch die Aufgabe und die Möglichkeit, die Zufuhr von Kalium, Natrium, Phosphor und Eiweiß zu kontrollieren und entsprechend zu regulieren. Durch eine gezielte Ernährung während Ihrer Dialyse-Behandlung haben Sie die Chance, die Dialyse zu unterstützen.

In den weiteren Kapiteln werden Sie genauer erfahren, wie Ihre Nieren in einem gesunden Zustand arbeiten, was bei einer Niereninsuffizienz passiert und wie genau Sie mit einer zielgerechten Ernährung dort teilweise entgegenwirken können. Das soll durch die alltagstauglichen und abwechslungsreichen Rezepte in diesem Buch ermöglicht werden. Die Rezepte sind auf einen niedrigen Kalium-, Natrium- und Phosphorwert ausgelegt. Die Nährwerte werden dabei genau angegeben. So haben Sie täglich die Gewissheit darüber, was Sie heute bereits zu sich genommen haben und was Ihnen noch fehlt.

Mit zahlreichen praktischen Tipps werden Sie außerdem erfahren, wie Sie Ihrem Körper und Wohlbefinden während der Dialyse etwas Gutes tun können.

DIE ROLLE DER NIEREN

Jeder gesunde Mensch hat zwei Nieren. Sie befinden sich auf beiden Seiten des Körpers oberhalb des Beckens und sind zur Bandscheibe geneigt. Mit jeweils einem Harnleiter ist eine Niere mit der Blase verbunden. Die Nieren sind mit ca. 12 cm Länge und 5 cm Breite relativ kleine Organe. Ihre Funktion ist für den menschlichen Körper jedoch überlebenswichtig.

Zum einen regulieren die Nieren den Flüssigkeits- und Elektrolythaushalt. Das bedeutet, sie haben die Aufgabe, dafür zu sorgen, dass das Blut im gesamten Körper mit ausreichend Flüssigkeit und Elektrolyten versorgt wird. Des Weiteren entgiften die Nieren den Körper, sind an der Bildung neuer Blutkörper beteiligt und regeln den Knochenstoffwechsel. Außerdem halten sie den Säure-Basen-Haushalt im Gleichgewicht.

Sie sehen, die Nieren sind für den menschlichen Körper unentbehrlich. Das macht eine Erkrankung der Niere für die betroffenen Patienten so gefährlich. Je nach Schweregrad kann eine Niereninsuffizienz unbehandelt schnell zum Tod führen.

Von einer Niereninsuffizienz spricht man, sobald eine, meist jedoch beide Nieren nicht mehr in der Lage sind, harnpflichtige Substanzen zu filtern und der Blase zuzuführen.

Diese wichtige Funktion wird bei einer Niereninsuffizienz durch mangelnde Blutzufuhr oder das Absterben von Blutgefäßen innerhalb der Niere beeinträchtigt. Während einer chronischen Niereninsuffizienz sind in der Regel langfristige Gefäßveränderungen der Grund für die Erkrankungen. Hier nahm die Durchblutung innerhalb mehrerer Jahre oder Monate nach und nach ab. Entsprechend nahm auch die Nierenfunktion stetig ab. Bei einer akuten Niereninsuffizienz hingegen nimmt die Durchblutung des Organs innerhalb kürzester Zeit ab. Dieser lebensbedrohliche Zustand kann verschiedene Auslöser haben.

URSACHEN, SYMPTOME UND DIAGNOSE EINER NIERENINSUFFIZIENZ

Bei der Mehrheit der Patienten, die unter einer Niereninsuffizienz leiden, ist die Erkrankung eine Folgeerkrankung. Ursachen für die Nierenschwäche sind häufig langjähriger Diabetes mellitus, Bluthochdruck und chronische Entzündungen der Nieren. Nicht selten kommt es vor, dass auch mehrere dieser genannten Erkrankungen gleichzeitig der Grund für die Niereninsuffizienz sind.

Weitere Ursachen können Autoimmunerkrankungen, dauerhafte Einnahme von Medikamenten (häufig Schmerzmittel), urologische oder genetische Erkrankungen sein.

Die ersten Symptome, die sich bei Patienten mit einer Niereninsuffizienz zeigen, sind meist das Ausbleiben bzw. eine stark eingeschränkte Harnbildung. Infolgedessen entstehen Vergiftungen, Überwässerungen oder Wasseransammlungen im Körper. Im weiteren Verlauf können dann Herz- und Bluthochdruckerkrankungen folgen. Eine chronische Niereninsuffizienz wird im Anfangsstadium häufig nicht bemerkt, da sie nur sehr wenige Symptome erkennen lässt.

Die Diagnose wird bei einem Facharzt gestellt. Dieser kann über mehrere Blutuntersuchungen feststellen, ob und wie stark die Nierenfunktion eingeschränkt ist. Im Blut werden unter anderem die Werte von harnpflichtigen Substanzen wie beispielsweise Kreatinin und Harnstoff gemessen. Sind diese erhöht, ist das ein deutliches Zeichen dafür, dass die Nieren das Blut nicht ausreichend filtern. Weitere Werte können dann über den Urin gemessen werden. Organische Befunde können mithilfe von Sonografie und Ultraschalluntersuchungen festgestellt werden.

DIE BEDEUTUNG DER KONTROLLE VON NATRIUM, KALIUM, PHOSPHOR UND FLÜSSIGKEITSAUFNAHME

Wie bereits beschrieben, ist der Gehalt von Natrium, Kalium und Phosphor im Blut durch eine Niereninsuffizienz gestört. Die Zufuhr dieser drei Spurenelemente sollte also stets überwacht werden. Das ist für diese Patienten ein unumgänglicher Schritt. Bei einem zu hohen Phosphorgehalt im Blut spricht man von einer Hyperphosphatämie. Sie kann auf Dauer zu Gefäßschäden, Knochenveränderungen und zu einer Überfunktion der Nebenschilddrüsen führen.

In Bezug auf die Phosphorkontrolle stehen Patienten jedoch oft vor einer Hürde. Denn Lebensmittel, die wenig Phosphor enthalten, enthalten in der Regel auch wenig Eiweiß. Da Dialysepatienten jedoch auch ausreichend Eiweiß zu sich nehmen sollten, ist phosphorarme Ernährung oft nicht einfach. Gewisse Kombinationen von Lebensmitteln eignen sich dafür jedoch gut.

Auch der Natrium- und Kaliumspiegel steigen während einer Niereninsuffizienz stark an. Das Natrium wird durch Salz aufgenommen. Dazu zählt nicht nur handelsübliches Kochsalz. Auch Kräutersalze, Salzstangen, Laugengebäck und geräucherte Lebensmittel sind reich an Salz. Neben Fertigprodukten, wie Suppen, Brühwürfel, Ketchup und Fertigsoßen, sind auch abgepackte Fleischwaren häufig übersalzen.

Die Salzzufuhr spielt während der Dialyse eine große Rolle. Zunächst erhöht das Salz auf Dauer das Risiko für Herz- und Kreislauferkrankungen, vor allem für Bluthochdruck. Das eigentliche Problem bei der Salzzufuhr besteht für die Patienten jedoch in dem aufkommenden Durstgefühl. Durch erhöhte Flüssigkeitszufuhr neigen Patienten dazu, zu viel zu trinken. Das kann während einer Behandlung negative Auswirkungen haben und unter anderem zu Überwässerungen führen. Sie sollten die empfohlene Menge von 500 ml Flüssigkeit täglich nicht überschreiten. Falls Ihr behandelnder Arzt etwas anderes angeordnet hat, halten Sie sich an dessen Empfehlung.

Nachdem bei einer Niereninsuffizienz die Urinausscheidung abnimmt, erhöht sich der Kaliumgehalt im Blut sehr schnell. Dieser Zustand, der Hyperkaliämie genannt wird, kann schnell lebensbedrohlich werden. Die Folgen reichen von leichten Herzrhythmusstörungen bis hin zum Tod durch Herzstillstand.

BEDEUTUNG VON BEWEGUNG UND KÖRPERLICHER AKTIVITÄT FÜR DIALYSEPATIENTEN

Patienten, die bereits seit mehreren Jahren unter einer Niereninsuffizienz leiden, werden mit großer Wahrscheinlichkeit Symptome wie Abgeschlagenheit, Müdigkeit und verminderte Leistungsfähigkeit kennen. Auch während der Dialyse ist die körperliche Leistung in der Regel reduziert, da die Behandlung den Patienten viel Kraft kostet. Dennoch sollten Sie während Ihrer Behandlung aktiv bleiben.

Je nach Schwere der Erkrankung, Folgeerkrankung und Begleiterscheinung wird das dem einen oder anderen Patienten vielleicht nicht leichtfallen. Dennoch sollten Sie darauf achten, täglich ausreichend Bewegung zu haben. Gehen Sie spazieren, schwimmen oder fahren Sie Fahrrad.

Falls Sie sich fit genug fühlen, macht es Sinn, gezielt an Kraft, Beweglichkeit und Ausdauer zu arbeiten. Es geht nicht darum, dass Sie nach der Dialyse einen Marathon schaffen. Doch Ihnen sollte bewusst sein, dass Sie mit einem gesunden und fitten Körper das Risiko von Folgeerkrankungen verringern können. Des Weiteren wird sich regelmäßige Bewegung, besonders an der frischen Luft und gemeinsam mit anderen Menschen, positiv auf Ihre Lebensqualität auswirken. Regelmäßiger Sport kann beispielsweise Depressionen entgegenwirken.

Ob, welchen und wie viel Sport Sie persönlich während der Dialyse machen dürfen, sollten Sie im Vorfeld jedoch mit Ihrem behandelnden Arzt besprechen.

STRESSMANAGEMENT UND ENTSPANNUNGSMÖGLICHKEITEN

Nach der Diagnose Niereninsuffizienz kommen bei den betroffenen Patienten häufig viele Fragen auf. Wie geht das Leben mit der Behandlung weiter? Wie wird sich der Alltag entwickeln? Von wem kann ich Hilfe erwarten? All diese Fragen sollten Patienten vor Beginn der Behandlung klären. Natürlich sollten nicht nur Sie und Ihr Arzt über Ihren Behandlungsplan Bescheid wissen. Auch Ihr Partner und enge Verwandte, die Ihnen in dieser Zeit beistehen werden, sollten Ihre Termine kennen. So können Sie die kommenden Wochen und Monate gut im Voraus planen, auf Unterstützung zählen und bevorstehende Termine entsprechend legen.

Da Sie sich an den Behandlungstagen mehrere Stunden im Krankenhaus aufhalten werden, könnte Sie vielleicht eine Person begleiten. Sorgen Sie außerdem für ausreichend Beschäftigung. Nehmen Sie ein gutes Buch, Musik oder ein Kartenspiel mit in die Behandlung.

Nach den Behandlungen ist es besonders wichtig, eine Ruhephase einzuhalten. Ein Großteil der Patienten berichtet darüber, nach einem Dialysetag schlafen zu wollen. Neben Entspannung und Schlaf bieten sich progressive Muskelentspannungen, Yoga oder Meditation an. Durch gezielte Anleitungen werden Sie lernen, aktiv zu entspannen.

Sprechen Sie Ihren Arzt auf eine Physiotherapie, Yogakurse oder andere Präventionskurse an. In der Regel übernimmt die Krankenkasse die Kosten für diese Kurse.

UNTERSTÜTZUNGSSYSTEME FÜR EINE GESUNDE LEBENSFÜHRUNG WÄHREND DER DIALYSE

Als Dialysepatient sind Sie in Ihrem alltäglichen Leben teilweise stark eingeschränkt. Sie müssen nicht nur viele Arzttermine und die teilweise langen Dialyse-Behandlungen wahrnehmen, sondern auch auf eine ausgewogene Ernährung und gesunde Lebensführung achten. Das kann für einige Patienten eine große Hürde bedeuten. Geistige und körperliche Beschwerden sollten Sie jedoch nicht an Ihrem Erfolg der Dialyse hindern.

Aus diesem Grund gibt es für Dialysepatienten rechtliche, soziale und finanzielle Unterstützung. Dabei können Sie selbst entscheiden, welche Hilfe Sie in Anspruch nehmen wollen und welche nicht. Eine Psychotherapie kann Ihnen beispielsweise dabei helfen, wenn Sie emotional schlecht mit Ihrer Erkrankung und der Behandlung umgehen können. Eine Physiotherapie hingegen kann Ihnen auf körperlicher Ebene helfen.

Neben einem gesunden Lebensstil mit einer entsprechenden Ernährung und ausreichend Sport sollten Sie also auch Ihre Seele umsorgen. Suchen Sie sich Hilfe über Selbsthilfegruppen, Pflegestellen oder direkt über Ihren Arzt. Sprechen Sie in Gesprächen offen über Ihre Wünsche, Ängste und Pläne. Teilen Sie den Menschen in Ihrer Umgebung außerdem Ihre Grenzen mit. Nur so kann Ihnen an entsprechender Stelle geholfen werden. Nutzen Sie also die nächste Gelegenheit und führen Sie ein offenes Gespräch mit allen Beteiligten.

EINSCHRÄNKUNGEN UND EMPFEHLUNGEN FÜR EINE DIALYSE-DIÄT – LEBENSMITTEL IM ÜBERBLICK:

Folgende Maßstäbe sollten Sie in Zukunft im Auge behalten: Empfohlen wird die tägliche Zufuhr von maximal 1.200 mg Phosphor, 2.000 mg Kalium und ca. 2.000 bis 2.500 g Natrium (das entspricht einer Menge von 6 g Salz). In den Rezepten finden Sie detaillierte Angaben dieser Nährwerte. Trinken Sie nur ca. 500 ml mehr, als Sie täglich ausscheiden. Zu diesem Limit zählt nicht nur Wasser, sondern auch sämtliche andere Getränke, wasserhaltige Lebensmittel und Suppen. Neben den erlaubten Lebensmitteln sollten Sie auf eine eiweiß- und vitaminreiche Ernährung achten, während Sie sich in der Dialyse-Therapie befinden. Empfohlen wird außerdem eine Eiweißzufuhr von ca. 1,3 mg täglich pro Kilogramm Körpergewicht.

Folgende Lebensmittel sollten mit Bedacht verzehrt werden:

- **Nüsse** -phosphor- und kaliumhaltig-
- **Müsli** -phosphor- und kaliumhaltig-
- **Innereien** -phosphorhaltig-
- **Eigelb** -phosphorhaltig-
- **Hülsenfrüchte** -phosphorhaltig-
- **Fertige Vollkornprodukte** -leicht phosphorhaltig-
- **Schmelzkäse** -phosphorhaltig-
- **Kondensmilch** -phosphorhaltig-
- **Abgepackte Wurstwaren** -phosphorhaltig-
- **Haferflocken** -kaliumhaltig-
- **Trockenobst** -kaliumhaltig-
- **Obst- und Gemüsesäfte** -besonders kaliumhaltig-

- **Bananen, Aprikosen** -besonders kaliumhaltig-
- **Nicht entsprechend zubereitete Kartoffeln** -kaliumhaltig-
- **Pilze, getrocknet oder frisch** -besonders kaliumhaltig-
- **Fertigprodukte aus Kartoffeln** -kaliumhaltig-
- **Milch** -leicht kaliumhaltig-
- **Salz** -natriumreich-
- **Laugengebäck** -natriumreich-
- **Salzstangen** -natriumreich-
- **Abgepackte Wurstwaren** -natriumreich-
- **Geräucherte Lebensmittel (Fleisch und Fisch)** -natriumreich-

Der Kaliumgehalt einiger Lebensmittel lässt sich durch entsprechende Zubereitung reduzieren. Gemüse und Kartoffeln sind sehr kaliumreich. Durch eine Methode, die sich Wässern nennt, werden bis zu 50 % Kalium herausgewaschen. Kartoffeln und Gemüse sollten dabei klein geschnitten und über Nacht in der 10-fachen Menge Wasser eingelegt werden. Auch beim Kochen sollten Sie deutlich mehr Wasser verwenden als üblich.

Erlaubt sind hingegen folgende Lebensmittel:

- **Hartkäse, Frischkäse**
- **Geflügel (frisch vom Metzger)**
- **Milch- und Milchprodukte (in Maßen)**
- **Grieß**
- **Teigwaren aus Weizenmehl, Nudeln**
- **Knoblauch, Zwiebeln**
- **Schokolade**
- **Honig**
- **Marmelade**
- **Zucker**
- **Backpulver (Weinstein), Natron, Hefe**

IHRE EINKAUFSLISTE: KOCHEN WÄHREND DER DIALYSE

Mehl (Weizenmehl, Vollkornmehl, Roggenmehl, Dinkelmehl)
Milch
Schlagsahne
Butter
Eier
Vegane Milch-, Sahne-, Quark-, Joghurt-Alternativen
Backpulver
Natron
Gemüse (Lauch, Zucchini, Paprika, Kürbis, Möhren)
Salate, Rucola
Obst nach Wahl
Reis, Quinoa, Milchreis, Risottoreis
Rapsöl, Sonnenblumenöl, Olivenöl
Essig
Apfelessig
Weißwein

Frühstück

PIKANTE PFANNKUCHEN

2 Port.

20 Min.

Leicht

Zutaten

100 g Mehl
1 Ei
200 ml Wasser
50 ml Schlagsahne
½ TL Natron
1 kleine Prise Salz
3 EL Rapsöl
½ Stange Lauch
2 Scheiben gekochter Schinken
125 g Crème fraîche
1 Prise Pfeffer

Nährwerte p. P.

655 kcal
40 g Kohlenhydrate
47 g Fett
18 g Eiweiß
386 mg Kalium
525 mg Natrium
207 mg Phosphor

1 Vermengen Sie Mehl, Ei, Wasser, Sahne, Natron und Salz zu einem Pfannkuchenteig.

2 Lassen Sie den Teig 10 Minuten lang quellen.

3 Erhitzen Sie das Öl in einer Pfanne.

4 Backen Sie jeweils die Hälfte von dem Teig zu einem Pfannkuchen. Wenden Sie sie nach etwa 2 Minuten.

5 Waschen Sie den Lauch und schneiden Sie ihn in dünne Ringe.

6 Schneiden Sie den Schinken in Würfel.

7 Vermengen Sie Lauch, Schinken, Crème fraîche und Pfeffer zu einer homogenen Creme.

8 Befüllen Sie die Pfannkuchen mit jeweils der Hälfte der Creme.

9 Servieren Sie sie warm.

HEIDELBEERQUARK

 2 Port.  10 Min.  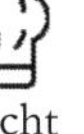 Leicht

Zutaten

100 g Speisequark
5 EL Wasser
2 EL Zucker
50 g Heidelbeeren

Nährwerte p. P.

354 kcal
51 g Kohlenhydrate
1 g Fett
1 g Eiweiß
422 mg Kalium
218 mg Natrium
104 mg Phosphor

1 Waschen Sie die Heidelbeeren und lassen Sie sie abtropfen.

2 Vermengen Sie alle angegebenen Zutaten miteinander.

3 Lassen Sie den Quark vor dem Servieren einige Minuten lang ruhen.

Tipp: Schmecken Sie den Quark nach Belieben mit Zimt oder Vanillezucker ab.

RÜHREI MIT TOMATEN

1Port.

10 Min.

Leicht

Zutaten

1 Ei
1 Eiweiß
2 EL Wasser
1 Prise Pfeffer
1 Prise Muskatnuss
1 EL Butter
5 Cherrytomaten
1 TL Schnittlauch

Nährwerte p. P.

160 kcal
1 g Kohlenhydrate
12 g Fett
10 g Eiweiß
175 mg Kalium
35 mg Natrium
120 mg Phosphor

1 Waschen Sie die Tomaten und halbieren Sie sie.

2 Schlagen Sie das Ei sowie das Eiweiß schaumig auf.

3 Rühren Sie Wasser, Pfeffer und Muskatnuss unter.

4 Erhitzen Sie die Butter in einer Pfanne.

5 Geben Sie die Eimischung in die Pfanne und garen Sie sie 5 Minuten lang bei mittlerer Wärmezufuhr.

6 Rühren Sie das Ei dabei regelmäßig um.

7 Servieren Sie es im Anschluss mit den Cherrytomaten und dem Schnittlauch.

BUCHWEIZENPFANNKUCHEN MIT LACHS

2 Port.

25 Min.

Leicht

Zutaten

100 g Buchweizen, gemahlen
1 Ei
100 ml Wasser
100 g Räucherlachs
50 g Crème fraîche
Zum Garnieren: Dill
Öl zum Braten

Nährwerte p. P.

440 kcal
38 g Kohlenhydrate
24 g Fett
21 g Eiweiß
580 mg Kalium
295 mg Natrium
320 mg Phosphor

1 Trennen Sie das Ei.

2 Vermengen Sie Buchweizen, Eigelb und Wasser miteinander.

3 Lassen Sie den Teig 15 Minuten lang quellen.

4 Schlagen Sie in der Zwischenzeit das Eiweiß steif.

5 Heben Sie es unter den Teig.

6 Erhitzen Sie etwas Öl in einer Pfanne.

7 Braten Sie aus dem Teig 2 dünne Pfannkuchen.

8 Nutzen Sie dabei eine mittlere Wärmezufuhr und wenden Sie sie, sobald die Pfannkuchen auf der Oberseite angetrocknet sind.

9 Servieren Sie die Pfannkuchen mit Crème fraîche, Lachs und Dill.

HIRSEPORRIDGE

1 Port.

15 Min.

Leicht

Zutaten

200 ml Sahne-Wassergemisch
4 EL Hirseflocken
½ Apfel
1 TL gehackte Haselnusskerne
1 TL Honig

Nährwerte p. P.

342 kcal
50 g Kohlenhydrate
13 g Fett
7 g Eiweiß
253 mg Kalium
112 mg Natrium
286 mg Phosphor

1 Bringen Sie die Sahne-Wassermischung zum Kochen.

2 Schalten Sie den Herd aus.

3 Rühren Sie die Hirseflocken unter und lassen Sie sie darin 5 Minuten quellen.

4 Schneiden Sie den Apfel in mundgerechte Stücke.

5 Rühren Sie Apfel, Haselnüsse und Honig unter.

6 Servieren Sie das Porridge warm.

BEEREN-FRÜHSTÜCK

4 Port.

25 Min.

Leicht

Zutaten

700 g Tiefkühl-Beerenmischung
100 ml Sahne
250 g Quark
150 g Joghurt
200 g Frischkäse
75 g Zucker
1 Pck. Vanillezucker
1 Spritzer Zitrone

Optional:
50 g weiße Schokolade, gerieben

Nährwerte p. P.

348 kcal
39 g Kohlenhydrate
15 g Fett
10 g Eiweiß
444 mg Kalium
128 mg Natrium
204 mg Phosphor

1 Waschen Sie die Beerenmischung mit heißem Wasser ab. Das reduziert den Kaliumgehalt.

2 Schlagen Sie die Sahne steif.

3 Vermengen Sie Quark, Joghurt, Frischkäse, Zucker, Vanillezucker und Zitronensaft miteinander.

4 Heben Sie die Sahne unter die Quark-Mischung.

5 Schichten Sie die Creme jetzt abwechselnd mit den Beeren in hohe Gläser.

6 Stellen Sie das Frühstück über Nacht kalt.

7 Garnieren Sie es vor dem Servieren mit der Schokolade.

Salate

TORTELLINISALAT

  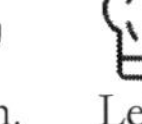 

4 Port. 20 Min. Leicht

Zutaten

200 g Tortellini mit Fleischfüllung
100 g rote Paprika
1 Tomate
1 Zehe Knoblauch
Salz, Pfeffer
Einige Blätter frisches Basilikum
3 EL Rapsöl
1 EL Weißweinessig

Nährwerte p. P.

161 kcal
18 g Kohlenhydrate
9 g Fett
4 g Eiweiß
173 mg Kalium
382 mg Natrium
80 mg Phosphor

1 Kochen Sie die Tortellini nach Anweisung in nur mäßig gesalzenem Wasser.

2 Waschen und schneiden Sie in der Zwischenzeit die Paprika und Tomate.

3 Schälen und pressen Sie die Knoblauch zehe.

4 Zerkleinern Sie die Basilikumblätter.

5 Vermengen Sie Gemüse, Knoblauch, Salz, Pfeffer, Basilikum, Rapsöl und Weißweinessig miteinander.

6 Heben Sie zum Abschluss die abgegossenen Tortellini unter.

7 Lassen Sie den Salat 30 Minuten lang ruhen.

ITALIENISCHER SALAT MIT NUDELN

4 Port.

30 Min.

Leicht

Zutaten

200 g grüne Tagliatelle (Bandnudeln)
200 g Tomaten
125 g Mozzarella (20 % Fett)
6 dunkle Oliven
¾ Bund Rucola

Für das Dressing:
3 EL Pesto
1 ½ EL Balsamico-Essig
3 EL Olivenöl
½ Bund Basilikum
Salz, Pfeffer

Nährwerte p. P.

369 kcal
41 g Kohlenhydrate
16 g Fett
14 g Eiweiß
412 mg Kalium
174 mg Natrium
198 mg Phosphor

1 Kochen Sie die Nudeln nach Packungsanweisung al dente.

2 Gießen Sie sie ab und lassen Sie sie anschließend abkühlen.

3 Waschen Sie die Tomaten und den Rucola.

4 Schneiden Sie Tomaten, Mozzarella und Oliven in mundgerechte Stücke.

5 Vermengen Sie alle Zutaten für den Salat in einer großen Salatschüssel.

6 Rühren Sie anschließend das Dressing an. Vermengen Sie dafür alle angegebenen Zutaten für das Salatdressing und schmecken Sie es kräftig mit Salz und Pfeffer ab.

KOHLSALAT MIT APFEL

1 Port. 15 Min. Leicht

Zutaten

80 g Chinakohl
20 g entkernte Äpfel, mit Schale
2 Hasel¬nusskerne, grob zerkleinert

Für das Dressing:
40 g Sahne oder Crème fraîche, 30 % Fett
1 TL Honig
1 TL Apfelessig
1 Prise edelsüßes Paprikapulver
1 Prise Pfeffer

Nährwerte p. P.

175 kcal
9 g Kohlenhydrate
14 g Fett
2 g Eiweiß
210 mg Kalium
70 mg Natrium
60 mg Phosphor

1 Waschen Sie den Kohl und den Apfel und schneiden Sie sie in dünne Streifen.

2 Vermengen Sie Kohl, Apfel und Haselnüsse miteinander.

3 Rühren Sie die Zutaten für das Dressing zu einer flüssigen Soße an. Schmecken Sie sie nach Belieben mit Pfeffer ab.

4 Geben Sie das Dressing über den Salat.

GURKENSALAT

 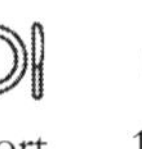  

1 Port. 10 Min. Leicht

Zutaten

150 g Gurke

Für die Salatsoße:
50 g Naturjoghurt
1 TL Olivenöl
½ TL Dill
1 Msp. Pfeffer

Nährwerte p. P.

100 kcal
5 g Kohlenhydrate
7 g Fett
3 g Eiweiß
315 mg Kalium
85 mg Natrium
70 mg Phosphor

1 Waschen Sie die Gurke. Hobeln Sie sie oder schneiden Sie sie in hauchdünne Scheiben.

2 Vermengen Sie alle Zutaten in einer Schüssel.

3 Lassen Sie den Salat vor dem Servieren einige Minuten lang ruhen.

FRISCHER MANGOSALAT

4 Port.

20 Min.

Leicht

Zutaten

250 g Mangofrucht-fleisch
2 Frühlingszwiebeln
5 Minzblätter
1 Spritzer Limettensaft

Nährwerte p. P.

50 kcal
11 g Kohlenhydrate
0 g Fett
1 g Eiweiß
100 mg Kalium
20 mg Natrium
13 mg Phosphor

1 Würfeln Sie das Mangofruchtfleisch in kleine Stücke.

2 Hacken Sie die Frühlingszwiebeln und die Minzblätter klein.

3 Vermengen Sie alle Zutaten in einer Schüssel.

4 Lassen Sie den Salat vor dem Servieren einige Minuten lang ruhen.

QUINOA-SALAT MIT RUCOLA

2 Port.

20 Min.

Leicht

Zutaten

150 g Quinoa
350 ml Wasser
1 TL Gemüsebrühe
100 g Cherrytomaten
50 g Rucola
3 EL Olivenöl
3 EL Zitronensaft
100 g Schafskäse/Feta
Salz, Pfeffer

Nährwerte p. P.

580 kcal
54 g Kohlenhydrate
35 g Fett
21 g Eiweiß
365 mg Kalium
310 mg Natrium
370 mg Phosphor

1 Geben Sie die Quinoa in ein Sieb, waschen Sie sie ab und lassen Sie sie gründlich abtropfen.

2 Vermengen Sie Quinoa, Wasser und Gemüsebrühe in einem kleinen Topf.

3 Garen Sie sie darin für 20 Minuten bei mittlerer Wärmezufuhr. Gießen Sie sie im Anschluss ab.

4 Waschen und halbieren Sie die Tomaten.

5 Spülen Sie den Rucola ab und trocknen Sie ihn ab.

6 Vermengen Sie Quinoa, Rucola, Tomaten, Olivenöl, Zitronensaft, Salz und Pfeffer.

7 Bröseln Sie den Schafskäse hinein und heben Sie ihn kurz unter.

8 Stellen Sie den Salat bis zum Servieren kalt.

Suppen

SAUERKRAUTSUPPE

4 Port. 30 Min. Mittel

Zutaten

2 EL Olivenöl
1 Zwiebel, gewürfelt
400 g Sauerkraut, abgetropft und in 2 - 3 cm lange Stücke geschnitten
1 EL Paprikapulver, edelsüß
1 Liter Wasser
150 g Räucherwurst, in Scheiben geschnitten
2 EL Mehl
2 Lorbeerblätter
200 ml Sahne
Salz, Pfeffer, Zucker

Nährwerte p. P.

264 kcal
5 g Kohlenhydrate
24 g Fett
8 g Eiweiß
272 mg Kalium
560 mg Natrium
83 mg Phosphor

1 Erhitzen Sie das Öl in einem großen Topf.

2 Dünsten Sie die Zwiebeln darin glasig an.

3 Geben Sie das Sauerkraut hinzu und braten Sie es 3 Minuten lang mit an.

4 Rühren Sie das Paprikapulver unter.

5 Geben Sie anschließend Wasser, Räucherwurst, Mehl und Lorbeerblätter hinzu.

6 Köcheln Sie die Suppe 15 bis 20 Minuten lang bei mittlerer Wärmezufuhr.

7 Rühren Sie zum Abschluss die Sahne unter.

8 Schmecken Sie die Suppe mit Salz, Pfeffer und Zucker ab.

KALTE GURKENSUPPE

4 Port.

25 Min.

Leicht

Zutaten

2 mittelgroße Gurken (ca. 600 g)
½ Schalotte
1 Frühlingszwiebel (ca. 15 g)
2 Blätter frische Minze
2 TL frischer Dill
2 TL Zitronensaft
160 ml Wasser
120 ml Sahne-Milch-Gemisch
65 g Schmand
½ TL Pfeffer
¼ TL Salz

Nährwerte p. P.

78 kcal
6 g Kohlenhydrate
5 g Fett
2 g Eiweiß
256 mg Kalium
128 mg Natrium
64 mg Phosphor

1 Schälen Sie die Gurke und entkernen Sie sie.

2 Hacken Sie Schalotte, Frühlingszwiebel, Minze und Dill klein.

3 Pürieren Sie alle angegebenen Zutaten in einem Standmixer.

4 Stellen Sie die Suppe einige Stunden kalt.

HÜHNERSUPPE MIT REIS

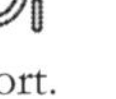

8 Port. | 1 ½ Std. | Leicht

Zutaten

160 g Wildreis
2 Liter heißes Wasser
950 ml Hühnerbrühe
3 Zehen Knoblauch
80 g Zwiebeln
130 g Möhren
90 g Spargel, weiß
60 g Butter, ungesalzen
950 ml Wasser
120 ml Martini Extra Dry
280 g Huhn, gekocht
½ TL Thymian
1 Lorbeerblatt
¼ TL Muskat
½ TL Salz
1 Prise Pfeffer
950 ml Mandelmilch, ungesüßt

Nährwerte p. P.

295 kcal
28 g Kohlenhydrate
11 g Fett
21 g Eiweiß
527 mg Kalium
385 mg Natrium
252 mg Phosphor

1 Weichen Sie den Reis 30 Minuten lang in dem Wasser ein.

2 Geben Sie ihn anschließend mit der Hühnerbrühe in einen großen Topf.

3 Garen Sie ihn darin 45 Minuten lang bei geringer Wärmezufuhr.

4 Gießen Sie den Reis ab, füllen Sie ihn ab und lassen Sie ihn abkühlen.

5 Schälen und zerkleinern Sie in der Zwischenzeit das Gemüse.

6 Erhitzen Sie die Butter in dem Topf.

7 Dünsten Sie das Gemüse darin 5 Minuten lang an.

8 Geben Sie 950 ml Wasser und den Martini hinzu. Kochen Sie die Suppe 10 Minuten lang bei mittlerer Wärmezufuhr.

9 Rühren Sie das Huhn, die Gewürze, Mandelmilch und den gekochten Reis unter.

10 Lassen Sie die Suppe 10 Minuten lang ziehen, bevor Sie sie servieren.

MÖHRENSUPPE

2 Port.

25 Min.

Leicht

Zutaten

200 g Möhren
40 g Petersilienwurzel
200 g Kartoffeln
450 ml Gemüsebrühe
1 Handvoll Rucola
1 Prise Salz
1 Prise Pfeffer
2 TL Mandelblättchen

Nährwerte p. P.

99 kcal
15 g Kohlenhydrate
2 g Fett
4 g Eiweiß
466 mg Kalium
170 mg Natrium
124 mg Phosphor

1 Waschen und schneiden Sie Möhren, Petersilienwurzel und Kartoffeln klein.

2 Geben Sie das Gemüse mit der Petersilienwurzel, Gemüsebrühe und dem Rucola in einen großen Topf und kochen Sie die Suppe 15 Minuten lang bei mittlerer Wärmezufuhr.

3 Pürieren Sie die Suppe anschließend mit einem Stabmixer.

4 Schmecken Sie sie mit Salz und Pfeffer ab.

5 Garnieren Sie die Suppe vor dem Servieren mit den Mandelblättchen.

KÜRBISSUPPE

2 Port.

20 Min.

Leicht

Zutaten

400 g Kürbisfleisch
3 EL Margarine
500 ml Wasser
½ TL Hühnerbrühe
1 EL Mehl
1 Prise weißer Pfeffer
1 Msp. gemahlener Ingwer
125 ml Reisdrink

Nährwerte p. P.

90 kcal
22 g Kohlenhydrate
4 g Fett
8 g Eiweiß
300 mg Kalium
80 mg Natrium
5 mg Phosphor

1 Schneiden Sie das Kürbisfleisch in kleine Stücke.

2 Erhitzen Sie die Margarine in einem Topf.

3 Dünsten Sie die Kürbisstücke darin 5 Minuten lang kräftig an.

4 Löschen Sie sie mit Wasser, Hühnerbrühe, Mehl, Pfeffer und dem Ingwer ab.

5 Köcheln Sie die Suppe 15 Minuten lang bei mittlerer Wärmezufuhr.

6 Schalten Sie den Herd aus und pürieren Sie die Suppe mit einem Stabmixer.

7 Rühren Sie zum Abschluss den Reisdrink unter.

Brot und Brötchen

BAMBUSBROT

1 Brot (ca. 12 Scheiben)

40 Min.

Leicht

Zutaten

150 g Zwiebeln
1 EL Olivenöl
250 g Magerquark
2 Eier
80 g Haferkleie
25 g Bambusfasern
30 g Leinsamenmehl
1 TL Weinstein-Backpulver
1 TL Salz

Nährwerte p. P.

63 kcal
4 g Kohlenhydrate
3 g Fett
5 g Eiweiß
68 mg Kalium
22 mg Natrium
50 mg Phosphor

1 Heizen Sie den Backofen auf 175 Grad Umluft vor.

2 Fetten Sie eine Kastenform ein oder legen Sie sie mit Backpapier aus.

3 Schälen Sie die Zwiebel und schneiden Sie sie in feine Würfel.

4 Vermengen Sie alle angegebenen Zutaten miteinander, bis eine homogene Masse entsteht.

5 Geben Sie den Teig in die vorbereitete Kastenform.

6 Backen Sie das Brot für 30 bis 35 Minuten im Backofen.

7 Lassen Sie es im Anschluss auf einem Kuchengitter auskühlen.

WÜRZIGES FLADENBROT

6 kl. Fladenbrote

45 Min.

Leicht

Zutaten

750 g Weizenmehl, Typ 405
1 Würfel Hefe (42 g)
350 ml lauwarmes Wasser
5 g Zucker
1 Msp. Salz
2 TL Koriander-Samen, grob zersto¬ßen

Nährwerte p. P.

215 kcal
45 g Kohlenhydrate
1 g Fett
7 g Eiweiß
90 mg Kalium
10 mg Natrium
60 mg Phosphor

1 Stellen Sie aus den angegebenen Zutaten einen Hefeteig her.

2 Lassen Sie diesen mindestens 1 Stunde lang an einem warmen Ort ruhen.

3 Heizen Sie in der Zwischenzeit den Backofen auf 220 Grad Umluft vor.

4 Formen Sie nach der Ruhezeit 6 kleine Fladenbrote aus dem Teig.

5 Backen Sie diese für 15 bis 20 Minuten im vorgeheizten Backofen.

Tipp: Der Teig kann nach Belieben mit weiteren oder anderen Gewürzen zubereitet werden.

APFEL-BRÖTCHEN MIT HAGELZUCKER

10 Bröt-chen | 50 Min. | Leicht

Zutaten

200 g Magerquark
100 ml Öl
100 g Zucker
1 Ei
300 g Mehl
3 TL Backpulver
2 kleine Äpfel
100 g Hagelzucker

Nährwerte p. P.

310 kcal
45 g Kohlenhydrate
10 g Fett
5 g Eiweiß
95 mg Kalium
41 mg Natrium
277 mg Phosphor

1 Heizen Sie den Backofen auf 200 Grad Ober-/Unterhitze vor.

2 Vermengen Sie Magerquark, Öl, Zucker, Ei, Mehl und Backpulver zu einem Teig.

3 Schälen Sie die Äpfel und schneiden Sie sie in kleine Stückchen.

4 Rühren Sie sie unter den Teig.

5 Formen Sie daraus 10 kleine Brötchen.

6 Wenden Sie diese in dem Hagelzucker und legen Sie sie auf ein mit Backpapier ausgelegtes Backblech.

7 Backen Sie die Brötchen für 35 Minuten im Backofen.

SCHNELLES DINKELBROT

1 Brot (ca. 12 Scheiben)

1 Std.

Leicht

Zutaten

220 g Dinkelvollkornmehl
130 g Mehl
1 EL Backpulver
1 TL Salz
115 g gemischte Körner nach Wahl
1 EL Apfelessig
360 ml Sprudelwasser
1 EL Haferflocken, kernig
1 TL Öl

1 Heizen Sie den Backofen auf 200 Grad Ober-/Unterhitze vor.

2 Fetten Sie eine Kastenform ein oder legen Sie sie mit Backpapier aus.

3 Kneten Sie aus allen angegebenen Zutaten einen Teig.

4 Geben Sie ihn in die Kastenform und backen Sie das Brot für 50 Minuten im vorgeheizten Backofen.

5 Lassen Sie es auf einem Kuchengitter auskühlen.

Nährwerte p. P.

267 kcal
38 g Kohlenhydrate
9 g Fett
8 g Eiweiß
257 mg Kalium
304 mg Natrium
228 mg Phosphor

Tipp: Das Dinkelmehl kann nach Belieben durch Roggen- oder Weizenmehl ersetzt werden.

FRÜCHTEBROT

1 Brot (ca. 12 Scheiben) | 1 Std. | Leicht

Zutaten

220 g Vollkornmehl
130 g Dinkelmehl
1 EL Backpulver
1 TL Salz
170 g Trockenfrucht-Nuss-Mischung (mit einem möglichst niedrigen Salzgehalt)
1 EL Apfelessig
260 ml Sprudelwasser
1 TL Öl
1 EL Haferflocken, kernig

Nährwerte p. P.

183 kcal
27 g Kohlenhydrate
6 g Fett
5 g Eiweiß
138 mg Kalium
163 mg Natrium
122 mg Phosphor

1 Heizen Sie den Backofen auf 220 Grad Ober-/Unterhitze vor.

2 Vermengen Sie alle angegebenen Zutaten zu einem Teig.

3 Fetten Sie eine Kastenform ein oder legen Sie sie mit Backpapier aus.

4 Geben Sie den Teig hinein und backen Sie das Brot darin 50 Minuten aus.

5 Lassen Sie es in der Form auskühlen.

TOASTBROT

1 Brot (ca. 16 Scheibe)

2 ½ Std.

Leicht

Zutaten

150 ml Hafermilch
150 ml Wasser
60 g Margarine
500 g Mehl
1 Pck. Trockenhefe
1 EL Zucker
1 TL Salz

Nährwerte p. P.

188 kcal
33 g Kohlenhydrate
4 g Fett
5 g Eiweiß
53 mg Kalium
88 mg Natrium
103 mg Phosphor

1 Vermengen Sie Hafermilch, Wasser und Margarine in einem kleinen Topf und erwärmen Sie die Mischung, bis sich die Margarine aufgelöst hat.

2 Rühren Sie anschließend Mehl, Trockenhefe, Zucker und Salz unter. Kneten Sie daraus einen festen Teig.

3 Lassen Sie ihn an einem warmen Ort mindestens 1 Stunde lang ruhen.

4 Formen Sie daraus nun eine lange Rolle, die der Länge nach in eine Kastenform passt.

5 Heizen Sie den Backofen auf 180 Grad Ober-/Unterhitze vor.

6 Geben Sie diese im Anschluss in eine eingefettete Kastenform.

7 Backen Sie das Toastbrot darin für 30 bis 35 Minuten goldbraun.

8 Lassen Sie es kurz in der Form auskühlen und legen Sie es anschließend auf ein Kuchengitter, um es vollständig auskühlen zu lassen.

Hauptgerichte mit Fleisch & Geflügel

SCHWÄBISCHE SCHUPFNUDELN MIT KASSLER UND KRAUT

2 Port.

30 Min.

Leicht

Zutaten

220 g Mehl
160 ml Wasser
1 kleine Prise Salz
½ Zwiebel
Ca. 150 g Sauerkraut
2 TL Butterschmalz
1 TL Gemüsebrühe
200 ml Wasser
1 Lorbeerblatt
1 Nelke
150 g Kassler

Nährwerte p. P.

540 kcal
80 g Kohlenhydrate
12 g Fett
28 g Eiweiß
507 mg Kalium
1394 mg Natrium
261 g Phosphor

1 Vermengen Sie Mehl, Wasser und Salz miteinander, bis ein fester Teig entsteht. Falls sich der Teig nicht von der Schüssel löst, geben Sie etwas mehr Mehl hinzu. Formen Sie daraus fingerdicke Schupfnudeln.

2 Bringen Sie einen großen Topf mit ausreichend Wasser zum Kochen.

3 Geben Sie die Schupfnudeln in das kochende Wasser und garen Sie diese darin für etwa 2 Minuten. Wenn die Nudeln an der Oberfläche schwimmen, sind sie gar. Nehmen Sie sie mit einem Schaumlöffel aus dem Wasser.

4 Schälen und würfeln Sie die Zwiebeln. Geben Sie das Butterschmalz in eine Pfanne und erhitzen Sie es auf mittlerer Stufe.

5 Dünsten Sie Zwiebeln und Sauerkraut darin für ca. 5 Minuten glasig an.

6 Fügen Sie Gemüsebrühe, Wasser, Lorbeerblatt und die Nelke hinzu. Köcheln Sie alles für 10 Minuten bei mittlerer Wärmezufuhr auf.

7 Würfeln Sie in der Zwischenzeit das Kassler in mundgerechte Stücke. Geben Sie die Kasslerwürfel in die Brühe und garen Sie sie weitere 5 Minuten mit.

8 Vermengen Sie die Fleisch-Sauerkrautsoße mit den Schupfnudeln.

ROASTBEEF-BRATEN

2 Port. 20 Min. Leicht

Zutaten

½ Zwiebel
2 Scheiben Roastbeef (jeweils 125 g)
2 TL Senf
3 EL Mehl
3 EL Öl
5 EL trockener Weißwein
200 ml Wasser
1 TL Gemüsebrühe
Salz, Pfeffer

Nährwerte p. P.

474 kcal
25 g Kohlenhydrate
25 g Fett
33 g Eiweiß
604 mg Kalium
1250 mg Natrium
291 mg Phosphor

1 Schälen und schneiden Sie die Zwiebel in Ringe.

2 Würzen Sie das Roastbeef mit Pfeffer.

3 Bestreichen Sie es mit Senf.

4 Wenden Sie das Roastbeef anschließend in Mehl.

5 Wenden Sie auch die Zwiebelringe darin.

6 Erhitzen Sie das Öl in einer Pfanne.

7 Braten Sie das Roastbeef darin für 5 Minuten kräftig an.

8 Nehmen Sie das Fleisch aus der Pfanne und halten Sie es warm.

9 Geben Sie jetzt die Zwiebelringe in die Pfanne und rösten Sie sie kurz kräftig in dem zurückgebliebenen Fleischsaft an.

10 Rühren Sie Weißwein, Wasser und Gemüsebrühe unter die Zwiebelringe.

11 Köcheln Sie die Mischung kurz auf. Schmecken Sie sie nach Belieben mit Salz und Pfeffer ab.

12 Garnieren Sie das Fleisch mit den Zwiebeln.

HÄHNCHEN SÜẞSAUER

4 Port.

45 Min.

Mittel

Zutaten

4 Hähnchenbrüste, mit oder ohne Haut
8 EL Olivenöl
2 - 4 Zweige Thymian
2 Zweige Rosmarin
1 Chilischote, längs geviertelt, ohne Kerne und klein gehackt
1 Zehe Knoblauch, klein gehackt
Abrieb von einer Zitrone
1 Paprikaschote, in Würfel geschnitten
1 Möhre, geschält und in Würfel geschnitten
1 TL brauner Zucker
2 Handvoll Mungobohnen
2 EL Ananasstücke aus der Dose
2 EL passierte Tomaten aus der Dose
½ TL Ingwer, geschält und fein gewürfelt
Einige Zweige Koriandergrün, zerkleinert
½ TL Chili, fein gewürfelt
1 EL grüne Chilisoße
1 EL Sojasoße
200 g schwarz-weißer Reis

Nährwerte p. P.

557 kcal
45 g Kohlenhydrate
28 g Fett
31 g Eiweiß
530 mg Kalium
97 mg Natrium
327 mg Phosphor

1 Legen Sie die Hähnchenbrüste in 6 EL Olivenöl, Thymian, Rosmarin, Chilischote, Knoblauch und Zitronenabrieb ein.

2 Lassen Sie das Fleisch darin ca. 30 Minuten ruhen.

3 Braten Sie es anschließend von allen Seiten in einer Pfanne goldbraun an.

4 Heizen Sie den Backofen auf 160 Grad Ober-/Unterhitze vor.

5 Halten Sie das Fleisch darin warm.

6 Garen Sie den Reis in ausreichend Wasser nach Packungsanweisung.

7 Kochen Sie Paprika und Möhren ebenfalls in ausreichend Wasser gar. Das Gemüse sollte noch bissfest sein.

8 Erhitzen Sie den Zucker in einer Pfanne.

9 Karamellisieren Sie ihn darin.

10 Rühren Sie 2 EL Olivenöl, Mungobohnen, Ananas, Tomaten, Ingwer, Koriander, Chilischote, Sojasoße und Chilisoße hinzu. Köcheln Sie die Soße 2 Minuten lang kräftig auf.

11 Schmecken Sie die Soße nach Belieben ab.

12 Servieren Sie die Soße zum Fleisch und reichen Sie den Reis als Beilage.

BAUERNBROT-BURGER

4 Port.

35 Min.

Leicht

Zutaten

500 g Rinderhackfleisch
1 Ei
½ eingeweichtes Brötchen (ausgedrückt)
1 TL Senf
1 Prise Zucker
1 Msp. Cayennepfeffer
1 Prise Salz
2 EL Öl
1 Gemüsezwiebel, in Ringe geschnitten
3 EL Mehl
150 g Crème fraîche
1 TL grüner Pfeffer
½ TL brauner Zucker
2 TL Schnittlauch
4 Scheiben Bauern- oder Krustenbrot

Nährwerte p. P.

577 kcal
32 g Kohlenhydrate
35 g Fett
34 g Eiweiß
422 mg Kalium
144 mg Natrium
308 mg Phosphor

1 Vermengen Sie Hackfleisch, Ei, Brötchen, Senf, Zucker, Cayennepfeffer und Salz miteinander.

2 Formen Sie daraus runde Burger.

3 Erhitzen Sie das Öl in einer Pfanne und braten Sie die Burger darin von beiden Seiten kräftig an.

4 Stellen Sie die Burger zur Seite.

5 Wenden Sie die Zwiebelringe in dem Mehl und dünsten Sie sie in dem zurückgebliebenen Fett kross an.

6 Vermengen Sie Crème fraîche, Pfeffer, Zucker und Schnittlauch miteinander.

7 Richten Sie die Burger mit der Soße und den Zwiebeln auf dem Brot an.

HÄHNCHEN MIT BLUMENKOHL UND SAHNESOẞE

4 Port.

30 Min.

Leicht

Zutaten

240 g Reis
40 g Speckwürfel
50 g Semmelbrösel
2 Hähnchenbrustfilets, je 150 g
Salz, Pfeffer
3 EL Olivenöl
150 ml Hühnerbrühe
200 ml Sahne
2 TL heller Soßenbinder
3 EL Senf
300 g Tiefkühlblumenkohl

Nährwerte p. P.

554 kcal
68 g Kohlenhydrate
17 g Fett
32 g Eiweiß
537 mg Kalium
546 mg Natrium
352 mg Phosphor

1 Garen Sie den Reis nach Packungsanweisung.

2 Braten Sie die Speckwürfel gemeinsam mit den Semmelbröseln ohne Zugabe von Fett an.

3 Rühren Sie die Mischung dabei regelmäßig um.

4 Nehmen Sie sie aus der Pfanne und stellen Sie sie beiseite.

5 Schneiden Sie das Filet in Streifen und würzen Sie es mit Salz und Pfeffer.

6 Erhitzen Sie das Olivenöl in einer Pfanne und braten Sie die Streifen darin kross an.

7 Geben Sie Hühnerbrühe, Sahne, Soßenbinder und Senf hinzu.

8 Rühren Sie den Blumenkohl unter die Soße.

9 Köcheln Sie Fleisch und Blumenkohl für 15 Minuten bei mittlerer Wärmezufuhr in der Soße.

10 Servieren Sie die Blumenkohl-Fleischmischung mit dem Reis.

11 Garnieren Sie das Gericht mit der Speck-Semmelbrösel-Mischung.

SALTIMBOCCA

2 Port. 25 Min. Mittel

Zutaten

4 kleine dünne Kalbsschnitzel (à 80 g)
2 Scheiben Parmaschinken, dünn geschnitten
4 Blätter Salbei
1 EL ÖL
1 EL Butter
5 EL Weißwein (alternativ Brühe)
Salz, Pfeffer

Außerdem:
Zahnstocher

Nährwerte p. P.

310 kcal
4 g Kohlenhydrate
22 g Fett
38 g Eiweiß
705 mg Kalium
210 mg Natrium
365 mg Phosphor

1 Drücken oder klopfen Sie die Schnitzel flach.

2 Halbieren Sie den Schinken.

3 Belegen Sie jedes Schnitzel mit jeweils einem Stück Schinken und Salbei.

4 Rollen Sie diese ein und stechen Sie sie mit einem Zahnstocher fest.

5 Erhitzen Sie das Öl in einer Pfanne.

6 Braten Sie die Saltimbocca-Rollen darin kräftig von jeder Seite an.

7 Nehmen Sie sie aus der Pfanne heraus.

8 Erhitzen Sie darin jetzt die Butter und den Wein.

9 Köcheln Sie die Soße 5 Minuten lang bei mittlerer Wärmezufuhr. Rühren Sie sie dabei ständig um.

10 Schmecken Sie die Soße mit Salz und Pfeffer ab.

11 Servieren Sie sie zu den Kalbsschnitzeln.

Hauptgerichte mit Fisch & Meeresfrüchten

MIESMUSCHELN

2 Port.

20 Min.

Leicht

Zutaten

1 kg Miesmuscheln
½ Zwiebel
½ Möhre
1 Zehe Knoblauch
1 EL Olivenöl
5 EL trockener Weißwein
1 Prise Pfeffer

Nährwerte p. P.

161 kcal
3 g Kohlenhydrate
7 g Fett
14 g Eiweiß
570 mg Kalium
448 mg Natrium
380 mg Phosphor

1 Waschen Sie die Muscheln. Entsorgen Sie verdorbene (geschlossene).

2 Schälen und würfeln Sie Zwiebel, Möhre und Knoblauch.

3 Erhitzen Sie das Öl in einem Topf.

4 Dünsten Sie Zwiebeln, Möhren und Knoblauch darin 2 Minuten lang an.

5 Löschen Sie die Mischung mit Weißwein und Pfeffer ab.

6 Geben Sie die Muscheln hinein und kochen Sie sie darin bei geschlossenem Deckel für 12 Minuten gar.

7 Nehmen Sie sie im Anschluss mit einem Schaumlöffel heraus.

Tipp: Dazu schmeckt ein Salat oder ein Baguette.

MATJES IN SAHNESOẞE

2 Port.

20 Min. + 2 Std. Ruhezeit

Leicht

Zutaten

2 Matjesdoppelfilets
½ Zwiebel
1 Apfel
100 g Gewürzgurken
125 g Crème fraîche, 40 % Fett
125 ml Sahne
Pfeffer
1 Spritzer Zitronensaft

Nährwerte p. P.

761 kcal
12 g Kohlenhydrate
70 g Fett
18 g Eiweiß
410 mg Kalium
1.740 mg Natrium
278 mg Phosphor

1 Waschen Sie die Filets und wässern Sie sie für mindestens 1 Stunde.

2 Schälen Sie die Zwiebel und schneiden Sie sie in Ringe.

3 Schälen Sie den Apfel und schneiden Sie ihn in dünne Scheiben.

4 Würfeln Sie die Gewürzgurken in feine Stücke.

5 Vermengen Sie Crème fraîche, Sahne, Pfeffer und einen Spritzer Zitronensaft miteinander.

6 Geben Sie jetzt die Filets, Zwiebel, Apfel und Gewürzgurke in die Soße.

7 Lassen Sie den Fisch jetzt für 1 Stunde ruhen.

Tipp: Sollte der Fisch besonders salzig sein, kann die Wässerungszeit auf bis zu 10 Stunden erhöht werden.

FISCHFRIKADELLEN

2 Port.

15 Min.

Leicht

Zutaten

350 g Kabeljau
1 Brötchen
1 Ei
½ Zwiebel, in Würfel geschnitten
1 Spritzer Zitronensaft
5 EL Sahne
Salz, Pfeffer
2 EL Öl

Nährwerte p. P.

416 kcal
14 g Kohlenhydrate
23 g Fett
38 g Eiweiß
753 mg Kalium
302 mg Natrium
439 mg Phosphor

1 Waschen Sie den Fisch und tupfen Sie ihn trocken. Schneiden Sie ihn in kleine Würfel.

2 Weichen Sie das Brötchen in etwas Wasser ein.

3 Drücken Sie es nach wenigen Minuten aus und geben Sie es mit dem Fisch in eine große Schüssel.

4 Geben Sie alle übrigen Zutaten, bis auf das Öl, hinzu und kneten Sie daraus eine homogene Masse.

5 Formen Sie daraus je nach Größe 5 bis 10 Frikadellen.

6 Erhitzen Sie das Öl in einer Pfanne.

7 Braten Sie die Frikadellen darin bei mittlerer Wärmezufuhr für ca. 3 Minuten von jeder Seite an.

Tipp: Kabeljau und Rotbarsch sind Fischsorten mit geringem Phosphorgehalt. Bei Seelachs hingegen erhöht sich der Phosphorgehalt um fast 65 %.

KROSSER KABELJAU MIT KARTOFFELSALAT

4 Port.

45 Min.

Mittel

Zutaten

Für den Salat:
300 g Kartoffeln
Nach Belieben: Schnittlauch und Dill
1 Stängel Petersilie
2 EL Kresse
150 g Crème fraîche
1 TL Senf
3 EL Gewürzgurken, in kleine Würfel geschnitten

Für den Fisch:
600 g Kabeljau, portioniert in 4 gleich große Stücke
2 EL Olivenöl
Je 2 Zweige Rosmarin und Thymian, fein gehackt
1 Prise Pfeffer
2 Zehen Knoblauch, gepresst
100 g weiche Butter
200 g Semmelbrösel

Nährwerte p. P.

641 kcal
41 g Kohlenhydrate
38 g Fett
34 g Eiweiß
773 mg Kalium
192 mg Natrium
361 mg Phosphor

1 Schälen Sie die Kartoffeln, schneiden Sie sie in mundgerechte Stücke.

2 Wässern Sie sie über Nacht oder für mindestens 2 Stunden.

3 Garen Sie sie anschließend in ausreichend Wasser.

4 Vermengen Sie Kräuter, Crème fraîche, Senf und Gewürzgurken miteinander.

5 Heben Sie die Mischung unter die Kartoffeln.

6 Lassen Sie den Salat mindestens 30 Minuten ziehen.

7 Erhitzen Sie 1 EL Olivenöl in einer Pfanne. Braten Sie den Fisch darin je nach Größe für etwa 7 Minuten goldbraun an.

8 Heizen Sie in der Zwischenzeit den Backofen auf 240 Grad Ober-/Unterhitze vor.

9 Legen Sie die Fischfilets mit der Hautseite nach oben auf ein mit Backpapier ausgelegtes Backblech.

10 Verteilen Sie dasübrige Olivenöl, Kräuter, Pfeffer, Knoblauch, Butter und Semmelbrösel darauf.

11 Backen Sie die Filets für ca. 6 Minuten im vorgeheizten Backofen, bis eine krosse Kruste entsteht.

LACHS MIT PARMESANKRUSTE

 4 Port.  20 Min.  Leicht

Zutaten

2 Eier
100 g Parmesan, fein gerieben
4 × 60 g Lachsfilet (ohne Haut)
1 EL Mehl
5 EL Olivenöl
½ rote Zwiebel, fein gewürfelt
200 g geschälte Tomaten aus der Dose
½ TL Chilischote, fein geschnitten
1 TL Zucker
1 Prise Salz
8 Blätter Basilikum

Zum Garnieren:
4 Cherrytomaten

Nährwerte p. P.

285 kcal
6 g Kohlenhydrate
23 g Fett
14 g Eiweiß
230 mg Kalium
225 mg Natrium
252 mg Phosphor

1 Heizen Sie den Backofen auf 180 Grad Ober-/Unterhitze vor.

2 Waschen Sie die Cherrytomaten gründlich ab, geben Sie sie in eine kleine Auflaufform und garen Sie sie für 10 Minuten im vorgeheizten Backofen.

3 Vermengen Sie Eier und Parmesan miteinander.

4 Wenden Sie die Fischfilets in dem Mehl und anschließend in der Parmesan-Mischung.

5 Erhitzen Sie das Öl in einer Pfanne.

6 Braten Sie die Fischfilets zusammen mit den Zwiebelwürfeln darin ca. 5 Minuten lang an.

7 Geben Sie Tomaten, Chilischote, Zucker, Salz und Basilikum hinzu und köcheln Sie die Soße 10 Minuten lang bei mittlerer Wärmezufuhr.

8 Garnieren Sie den Fisch mit Soße und den Cherrytomaten.

GEDÄMPFTER FISCH

4 Port.

25 Min.

Leicht

Zutaten

4 Fischfilets
2 Möhren
1 Staudensellerie
1 Prise Pfeffer
1 Zitrone
4 Blätter Pergamentpapier

Nährwerte p. P.

237 kcal
21 g Kohlenhydrate
3 g Fett
25 g Eiweiß
1.400 mg Kalium
195 mg Natrium
366 mg Phosphor

1 Waschen Sie die Filets gründlich ab.

2 Legen Sie jeweils ein Filet in ein Stück Pergamentpapier ein.

3 Schälen Sie die Möhren und raspeln Sie sie.

4 Garen Sie sie für 5 Minuten bei mittlerer Wärmezufuhr.

5 Waschen Sie den Staudensellerie und schneiden Sie ihn in mundgerechte Stücke.

6 Verteilen Sie das Gemüse, den Pfeffer und jeweils 1 Zitronenscheibe auf die 4 Pakete.

7 Schlagen Sie sie ein und dämpfen Sie sie für 15 Minuten in einem Dampfgarer oder über einem Wasserbad.

Vegetarische Hauptgerichte

FRÜHLINGSREIS AUF SPINAT

4 Port.

45 Min.

Mittel

Zutaten

100 g Reis
1 Möhre
1 Zwiebel
1 Schalotte
1 Paprika
1 Bund Schnittlauch
½ Bund Koriander
½ Chilischote
2 Eier
8 Stücke Frühlingsrollenteig
2 EL Sahne
1 Pk. tiefgekühlten Spinat

Nährwerte p. P.

627 kcal
105 g Kohlenhydrate
14 g Fett
20 g Eiweiß
625 mg Kalium
700 mg Natrium
187 mg Phosphor

1 Garen Sie den Reis in ausreichend Wasser gar. Bereiten Sie in der Zwischenzeit das Gemüse vor. Waschen Sie alles gründlich ab. Schälen und würfeln Sie Möhre, Zwiebel und Schalotte.

2 Schneiden Sie Paprika, Schnittlauch, Koriander und die Chilischote ebenfalls in kleine Stücke. Wässern Sie das Gemüse für etwa 1 Stunde in ausreichend Wasser.

3 Vermengen Sie Reis, Gemüse, Chilischote und Kräuter in einer großen Schüssel. Trennen Sie die Eier und kneten Sie das Eigelb unter die Mischung.

4 Lassen Sie sie 10 Minuten lang ruhen. Heizen Sie in der Zwischenzeit den Backofen auf 200 Grad Ober-/Unterhitze vor.

5 Legen Sie den Teig doppelt aus. Befüllen Sie ihn mit etwa 2 bis 3 EL der Reis-Mischung.

6 Rollen Sie die Taschen ein und bestreichen Sie sie mit dem Eiweiß. Legen Sie ein Backblech mit Backpapier aus und verteilen Sie die Rollen darauf. Backen Sie sie für 15 bis 20 Minuten im vorgeheizten Backofen.

7 Bereiten Sie in der Zwischenzeit den Spinat nach Packungsanweisung zu. Verzichten Sie dabei auf die Zufuhr von Flüssigkeit.

8 Rühren Sie zum Abschluss die Sahne unter. Richten Sie die Frühlingsrollen auf dem Spinat an.

SPITZKOHLRISOTTO

2 Port.

25 Min.

Leicht

Zutaten

1 Zwiebel, gewürfelt
400 g Spitzkohl
3 EL Olivenöl
150 g Risottoreis
100 ml Weißwein
300 ml heißer Gemüsefond
Salz, Pfeffer
40 g schwarze Oliven, halbiert
60 g geriebener Hartkäse
2 EL gehackter Kerbel
2 EL gehackte glatte Petersilie

Nährwerte p. P.

611 kcal
51 g Kohlenhydrate
37 g Fett
17 g Eiweiß
489 mg Kalium
268 mg Natrium
423 mg Phosphor

1 Waschen und putzen Sie den Kohl. Schneiden Sie ihn der Länge nach in dünne Streifen. Entfernen Sie den Strunk.

2 Erhitzen Sie das Olivenöl in einem Topf.

3 Dünsten Sie Zwiebelwürfel und Kohl darin 5 Minuten lang an.

4 Geben Sie den Risottoreis hinzu und dämpfen Sie ihn glasig an.

5 Löschen Sie den Reis mit Weißwein und dem Gemüsefond ab.

6 Köcheln Sie die Mischung für 15 Minuten. Rühren Sie sie dabei regelmäßig um.

7 Schmecken Sie den Reis anschließend mit Salz und Pfeffer ab.

8 Rühren Sie zum Abschluss Oliven, Hartkäse, Kerbel und Petersilie unter.

SCHNELLE TOMATEN-NUDELN

 4 Port.
  25 Min.
 Leicht

Zutaten

1 Zwiebel, fein gewürfelt
2 EL Öl
2 Zehen Knoblauch
3 EL Tomatenmark
1 Stange Sellerie, in kleine Würfel geschnitten
1 kleine Dose Mais
300 ml Wasser
500 g Nudeln

Nährwerte p. P.

552 kcal
48 g Kohlenhydrate
18 g Fett
10 g Eiweiß
334 mg Kalium
183 mg Natrium
113 mg Phosphor

1 Kochen Sie die Nudeln nach Packungsanweisung.

2 Erhitzen Sie in der Zwischenzeit das Öl in einer Pfanne.

3 Braten Sie die Zwiebel darin einige Minuten lang glasig an.

4 Pressen Sie den Knoblauch hinzu und rühren Sie das Tomatenmark unter.

5 Rösten Sie alles 3 Minuten lang an.

6 Geben Sie Sellerie, Mais und Wasser in die Pfanne und köcheln Sie die Soße 10 Minuten lang kräftig auf.

7 Rühren Sie zum Abschluss die Nudeln unter die Soße.

HERZHAFTE PFANNKUCHEN

4 Port.

25 Min.

Leicht

Zutaten

4 Eier
150 ml Schlagsahne
850 ml Wasser
250 g Mehl
50 g Butter
150 g Doppelrahm-frischkäse mit Kräutern
1 EL Petersilie
1 Prise Pfeffer
500 g Champignons aus der Dose
4 EL Öl
100 g geriebener Käse

Nährwerte p. P.

578 kcal
31 g Kohlenhydrate
40 g Fett
20 g Eiweiß
384 mg Kalium
142 mg Natrium
339 mg Phosphor

1 Vermengen Sie Schlagsahne und Wasser miteinander. Rühren Sie aus Eiern, der Hälfte der Sahne-Wasser-Mischung und 200 g Mehl einen Teig an. Lassen Sie ihn 30 Minuten lang quellen.

2 Heizen Sie den Backofen auf 250 Grad Ober-/Unterhitze vor. Erwärmen Sie 40 g Butter und das übrige Mehl in einer Pfanne.

3 Löschen Sie die Butter-Mehl-Mischung mit der übrigen Sahne-Mischung ab. Köcheln Sie die Soße 5 Minuten lang bei geringer Wärmezufuhr.

4 Waschen und schneiden Sie die Champignons in der Zwischenzeit in dünne Scheiben oder Würfel.

5 Rühren Sie Frischkäse, Petersilie, Pfeffer und die Champignons in die Soße. Lassen Sie sie weitere 5 Minuten köcheln.

6 Erhitzen Sie das Öl in einer weiteren Pfanne. Braten Sie aus dem Teig 6 Pfannkuchen. Schneiden Sie diese in Streifen.

7 Geben Sie sie in eine Auflaufform, verteilen Sie die Soße, die übrige Butter und anschließend den Käse darauf.

8 Überbacken Sie die Pfannkuchen für 5 Minuten im vorgeheizten Backofen.

MILCHREIS MIT KOMPOTT

1 Port.

20 Min.

Leicht

Zutaten

200 ml Wasser
50 ml Schlagsahne
Abrieb einer Zitrone
70 g Milchreis
2 EL Zucker
125 g Kompott (z. B. Himbeere, Heidelbeere oder Mandarine)

Nährwerte p. P.

480 kcal
73 g Kohlenhydrate
18 g Fett
6 g Eiweiß
211 mg Kalium
211 mg Natrium
130 mg Phosphor

1 Bringen Sie Wasser, Sahne und Zitronenabrieb zum Kochen.

2 Rühren Sie den Milchreis unter und köcheln Sie ihn 10 Minuten bei mittlerer Wärmezufuhr.

3 Lassen Sie ihn anschließend auf dem ausgeschalteten Herd 5 Minuten lang quellen.

4 Heben Sie den Zucker unter und garnieren Sie den Milchreis vor dem Servieren mit dem Kompott.

ZUCCHINIPUFFER MIT RADIESCHENDIP

2 Port.

35 Min.

Leicht

Zutaten

250 g Zucchini
3 Kartoffeln
½ Zwiebel
1 Ei
100 g Magerquark
50 g Haferflocken, kernig

Für den Dip:
1 Eiweiß
6 Radieschen
1 EL Crème fraîche
Außerdem: 2 EL Öl

Nährwerte p. P.

375 kcal
40 g Kohlenhydrate
14 g Fett
44 g Eiweiß
712 mg Kalium
238 mg Natrium
373 mg Phosphor

1 Waschen Sie die Zucchini, tupfen Sie sie trocken und reiben Sie sie.

2 Schälen Sie die Kartoffeln und die Zwiebel und raspeln Sie alles zu der Zucchini.

3 Vermengen Sie das Ei, Quark und Haferflocken und rühren Sie die Mischung anschließend unter die Gemüseraspeln.

4 Formen Sie daraus flache Frikadellen. Je nach Größe 6 bis 8 Stück.

5 Erhitzen Sie das Öl bei mittlerer Wärmezufuhr in einer Pfanne.

6 Braten Sie die Puffer darin ca. 3 Minuten von jeder Seite an.

7 Waschen und pürieren Sie in der Zwischenzeit die Radieschen.

8 Schlagen Sie das Eiweiß steif und heben Sie es unter den Radieschenschaum.

9 Servieren Sie den Dip zu den warmen Zucchinipuffern und dem Crème fraîche.

Vegane Hauptgerichte

ÜBERBACKENER KARTOFFELSTAMPF

6 Port.

45 Min.

Leicht

Zutaten

850 g mehligkochende Kartoffeln
1 kleine Prise Salz
50 g Bärlauch, fein gehackt
100 ml vegane Milchalternative
75 g Butter
1 Prise Pfeffer
1 Msp. Muskatnuss
1 Kohl nach Wahl (etwa 800 g)
2 Stangen Lauch
1 EL Öl
1 TL Kreuzkümmelsamen
3 Eier
125 ml Gemüsefond
250 ml vegane Sahnealternative
1 EL mittelscharfer Senf
60 g Sonnenblumenkerne
60 g Semmelbrösel
Salz, Pfeffer

Nährwerte p. P.

497 kcal
40 g Kohlenhydrate
31 g Fett
14 g Eiweiß
1.030 mg Kalium
374 mg Natrium
277 mg Phosphor

1 Schälen Sie die Kartoffeln und garen Sie sie bei mittlerer Wärmezufuhr für ca. 20 bis 25 Minuten. Lassen Sie sie abkühlen und pressen Sie sie durch eine Kartoffelpresse oder mit einem Kartoffelstampfer.

2 Rühren Sie Salz, Bärlauch, die vegane Milch, Butter, Pfeffer und Muskatnuss unter das Kartoffelpüree. Waschen Sie jetzt den Kohl und schneiden Sie ihn in grobe Stücke. Entfernen Sie dabei den Strunk.

3 Waschen und schneiden Sie den Lauch anschließend in dünne Ringe. Erhitzen Sie das Öl in einem großen Topf. Dünsten Sie Kohl und Lauch darin für 5 Minuten an.

4 Rühren Sie den Kreuzkümmel unter und nehmen Sie den Topf vom Herd. Schmecken Sie die Kohlmischung mit Salz und Pfeffer ab. Geben Sie sie in eine große Auflaufform.

5 Heizen Sie den Backofen auf 200 Grad Ober-/Unterhitze vor.

6 Vermengen Sie Eier, Gemüsefond, vegane Sahne und Senf miteinander. Geben Sie die Sahnemischung über den Kohl.

7 Verteilen Sie anschließend das Kartoffelpüree gleichmäßig darüber. Bestreuen Sie es mit Sonnenblumenkernen und Semmelbröseln.

8 Backen Sie den Auflauf für 25 bis 30 Minuten im vorgeheizten Backofen.

Tipp: Um den Kaliumwert zu reduzieren, wässern Sie die Kartoffeln vor dem Garen für mindestens 2 Stunden in ausreichend Wasser.

ASIATISCHES REISGERICHT

 1 Port.  25 Min. 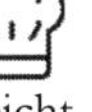 Leicht

Zutaten

1 Paprika
½ Zucchini
1 Stück Lauch
1 TL Sesamöl
1 Zehe Knoblauch
1 EL Ananasstücke
½ EL Sojasoße
150 g Reis, gekocht
1 Prise Pfeffer

Nährwerte p. P.

499 kcal
58 g Kohlenhydrate
12 g Fett
37 g Eiweiß
1.056 mg Kalium
730 mg Natrium
392 mg Phosphor

1 Waschen Sie das Gemüse und schneiden Sie es in mundgerechte Stücke.

2 Erhitzen Sie das Öl in einer Pfanne.

3 Garen Sie das Gemüse darin einige Minuten lang kräftig an.

4 Pressen Sie den Knoblauch hinzu.

5 Rühren Sie die Ananasstücke und Sojasoße unter.

6 Schmecken Sie die Mischung mit Pfeffer ab.

7 Heben Sie sie zum Abschluss unter den Reis.

Tipp: Die Sojasoße ist sehr salzhaltig, verwenden Sie beim Würzen also kein weiteres Salz.

PETERSILIENKARTOFFELN

1 Port.

30 Min.

Leicht

Zutaten

200 g Kartoffeln
1 TL vegane Butteralternative
1 TL Petersilie, gehackt

Nährwerte p. P.

485 kcal
92 g Kohlenhydrate
12 g Fett
12 g Eiweiß
427 mg Kalium
117 mg Natrium
52 mg Phosphor

1 Schälen Sie die Kartoffeln und schneiden Sie sie in mundgerechte Stücke.

2 Garen Sie sie in 2 Liter Wasser.

3 Garnieren Sie die heißen Kartoffeln mit der veganen Butteralternative und Petersilie.

Tipp: Um den Kaliumgehalt der Kartoffeln zu reduzieren, wässern Sie sie für mindestens 2 Stunden oder sogar über Nacht in 2 bis 4 Litern Wasser.

VEGANE FRIKADELLEN

12 Frikadellen

25 Min.

Leicht

Zutaten

250 g grüne Bohnen, tiefgefroren
100 g Möhren
150 g Kohl
¼ TL Salz
1 TL Kreuzkümmelpulver
1 TL Korianderpulver
1 TL Chilipulver
60 g Weizenmehl
4 Scheiben Weißbrot (120 g)
½ TL frischer Koriander
½ TL Limettensaft

Außerdem:
2 EL Öl zum Anbraten

Nährwerte p. P.

143 kcal
21 g Kohlenhydrate
5 g Fett
4 g Eiweiß
241 mg Kalium
219 mg Natrium
60 mg Phosphor

1 Tauen Sie die Bohnen auf. Schneiden Sie sie in feine Stücke.

2 Waschen und reiben Sie Möhren und Kohl und vermengen Sie sie mit den Bohnen.

3 Garen Sie die Gemüsemischung 15 Minuten lang bei geringer Wärmezufuhr.

4 Weichen Sie das Weißbrot in der Zwischenzeit in etwas Wasser ein und drücken Sie es anschließend aus.

5 Vermengen Sie die Gemüsemischung jetzt mit allen übrigen Zutaten zu einem festen Teig.

6 Formen Sie daraus 12 Frikadellen.

7 Erhitzen Sie etwas Öl in einer Pfanne.

8 Braten Sie die Frikadellen darin 2 bis 3 Minuten von jeder Seite an.

SPÄTZLEPFANNE

4 Port.

25 Min.

Leicht

Zutaten

500 g Spätzle aus dem Kühlregal
2 Zucchini
2 Möhren
1 Zwiebel
1 EL Margarine
1 EL Petersilie
1 EL Schnittlauch
1 Prise Pfeffer

Nach Belieben:
Oregano

Nährwerte p. P.

143 kcal
89 g Kohlenhydrate
32 g Fett
5 g Eiweiß
520 mg Kalium
312 mg Natrium
185 mg Phosphor

1 Schälen und schneiden Sie die Zucchini, Möhren und Zwiebel in kleine Würfel.

2 Zerkleinern Sie die Kräuter.

3 Erhitzen Sie die Margarine in einer Pfanne.

4 Dünsten Sie die Spätzle darin 5 Minuten an.

5 Rühren Sie die Gemüsewürfel hinzu und dünsten Sie sie weitere 5 Minuten mit an.

6 Schmecken Sie die Pfanne nach Belieben mit Kräutern, Pfeffer und Oregano an.

Fingerfood & Snacks

EINGELEGTE PFLAUMEN

2 – 3 Gl. Pflaumen

20 Min.

Leicht

Zutaten

550 g Pflaumen mit Steinen
½ Stange Zimt
2 Gewürznelken
100 g Balsamicoessig
250 g Zucker

Nährwerte p. P.

70 kcal
16 g Kohlenhydrate
0 g Fett
0 g Eiweiß
50 mg Kalium
2 mg Natrium
5 mg Phosphor

1 Waschen Sie die Pflaumen gründlich ab.

2 Tupfen Sie sie trocken und stechen Sie sie mehrmals mit einem Holzstäbchen ein.

3 Geben Sie Pflaumen, Zimt und Gewürznelken in ein hohes, verschließbares Gefäß.

4 Bringen Sie Balsamicoessig und Zucker in einem kleinen Topf zum Kochen.

5 Geben Sie die Mischung zu den Pflaumen und verschließen Sie das Gefäß sorgfältig.

6 Lassen Sie sie darin 2 Tage lang ruhen.

7 Gießen Sie sie anschließend durch ein Sieb ab.

Tipp: Aus dem Saft, der sich in der Ruhezeit bildet, lässt sich eine süßliche Soße zubereiten.

GEWÜRZPLÄTZCHEN

Ca. 50 Plätzchen

40 Min.

Leicht

Zutaten

125 g Butter
100 g Zucker
60 g Honig
100 g gehackte Haselnüsse
200 g Mehl
½ TL Zimt
½ TL gemahlene Nelken
½ TL Ingwer
150 g grob gehackte Zartbitterkuvertüre

Nährwerte p. P.

73 kcal
8 g Kohlenhydrate
4 g Fett
1 g Eiweiß
36 mg Kalium
17 mg Natrium
17 mg Phosphor

1 Vermengen Sie Butter, Zucker und Honig in einem kleinen Topf. Schmelzen Sie die Mischung und rühren Sie die Haselnüsse unter.

2 Lassen Sie die Buttermischung abkühlen.

3 Kneten Sie im Anschluss die übrigen Zutaten unter.

4 Formen Sie daraus eine etwa 4 cm dicke Rolle. Wickeln Sie diese in Frischhaltefolie und legen Sie sie für mindestens 4 Stunden, am besten über Nacht, in den Kühlschrank.

5 Heizen Sie in der Zwischenzeit den Backofen auf 200 Grad Ober-/Unterhitze vor.

6 Schneiden Sie die Teigrolle in ca. 0,5 cm dicke Scheiben. Legen Sie diese auf ein mit Backpapier ausgelegtes Backblech.

7 Backen Sie die Plätzchen 8 bis 10 Minuten im Backofen.

8 Lassen Sie sie auf einem Kuchengitter auskühlen.

ARME RITTER

2 Port.

10 Min.

Leicht

Zutaten

4 Scheiben Toast
1 Ei
5 EL Schlagsahne
200 ml Wasser
2 EL Butter
1 Prise Zimt und Zucker

Nährwerte p. P.

489 kcal
40 g Kohlenhydrate
33 g Fett
8 g Eiweiß
136 mg Kalium
665 mg Natrium
139 mg Phosphor

1 Verquirlen Sie das Ei mit Sahne und Wasser.

2 Wenden Sie die Toastscheiben darin, bis sie etwas eingeweicht sind.

3 Erhitzen Sie die Butter in einer Pfanne.

4 Braten Sie die Toastscheiben darin goldbraun an. Wenden Sie sie nach ca. 3 bis 4 Minuten.

5 Bestreuen Sie sie mit der Zimt-Zucker-Mischung.

Desserts

ROTE GRÜTZE

4 Port.

1 Std.

Leicht

Zutaten

250 g rote tiefgefrorene Johannisbeeren
1 Glas Kirschen
1 Glas Heidelbeeren
50 g Zucker
1 Zitrone
1 Msp. Johannisbrotkernmehl

Nährwerte p. P.

128 kcal
28 g Kohlenhydrate
1 g Fett
1 g Eiweiß
264 mg Kalium
4 mg Natrium
29 mg Phosphor

1 Lassen Sie die Johannisbeeren gut antauen.

2 Gießen Sie Kirschen und Heidelbeeren durch ein Sieb ab. Fangen Sie den Saft dabei auf.

3 Geben Sie alle Beeren, die Hälfte des Saftes und den Zucker in einen Topf.

4 Waschen Sie die Zitrone und reiben Sie die Schale mit in den Topf.

5 Rühren Sie das Johannisbrotkernmehl unter und bringen Sie die Grütze zum Kochen.

6 Köcheln Sie sie für 1 Stunde bei geringer Wärmezufuhr.

BUTTERKUCHEN

1 Kuchen (ca. 16 Stk.) | 2 Std. | Leicht

Zutaten

Für den Teig:
500 g Mehl, Typ 405
1 Würfel Hefe
125 ml Schlagsahne
125 ml Wasser
50 g Zucker
50 g weiche Butter
1 TL Abrieb einer Zitrone
1 Prise Salz

Für den Belag:
250 g kalte Butter, in kleine Würfel geschnitten
150 g Mandelblättchen
150 g Zucker
1 TL Zimt

Nährwerte p. P.

374 kcal
35 g Kohlenhydrate
23 g Fett
6 g Eiweiß
141 mg Kalium
6 mg Natrium
90 mg Phosphor

1 Vermengen Sie für den Teig Mehl, Hefe, Schlagsahne, Wasser und Zucker miteinander.

2 Kneten Sie anschließend Butter, Zitronenabrieb und das Salz unter.

3 Lassen Sie den Teig für 40 Minuten an einem warmen Ort ruhen.

4 Fetten Sie ein Backblech ein oder legen Sie es mit Backpapier aus.

5 Verteilen Sie den Teig auf dem Backblech. Ziehen Sie dabei den Rand hoch.

6 Lassen Sie ihn darauf 10 Minuten lang ruhen.

7 Heizen Sie in der Zwischenzeit den Backofen auf 200 Grad Ober-/Unterhitze vor.

8 Drücken Sie mit den Fingern einige Dellen in den Teig.

9 Verteilen Sie Butter, Mandelblättchen, Zucker und Zimt gleichmäßig auf dem Teig.

10 Backen Sie den Kuchen für 20 bis 25 Minuten goldbraun.

Tipp: Milch wurde hier mit Sahne und Wasser ersetzt. Dadurch werden viel Phosphor und Kalium eingespart.

BIRNEN-CRUMBLE MIT VANILLESOẞE

4 Port.

20 Min.

Leicht

Zutaten

100 g Mehl
50 g Zucker
80 g Butter
1 TL Zimt
4 Birnen (je 150 g, frisch oder aus dem Glas)
1 EL Zitronensaft

Für die Vanillesoße:
150 ml Wasser
50 ml Sahne
1 Pck. Vanillezucker
1 TL Vanillepuddingpulver

Nährwerte p. P.

407 kcal
70 g Kohlenhydrate
20 g Fett
3 g Eiweiß
230 mg Kalium
185 mg Natrium
53 mg Phosphor

1 Vermengen Sie Mehl, Zucker, Butter und Zimt zu Streuseln.

2 Stellen Sie sie 30 Minuten lang kalt.

3 Heizen Sie den Backofen auf 180 Grad Ober-/Unterhitze vor.

4 Waschen und schneiden Sie die Birnen in dünne Streifen.

5 Bestreichen Sie sie mit dem Zitronensaft.

6 Geben Sie die Birnen in eine große oder 4 kleine Auflaufformen.

7 Verteilen Sie die Streusel darüber.

8 Backen Sie den Crumble für 25 Minuten im Backofen.

9 Bereiten Sie in der Zwischenzeit die Vanillesoße zu. Vermengen Sie dazu alle angegebenen Zutaten mit einem Schneebesen, bis eine schaumige Soße entsteht.

10 Servieren Sie den Crumble warm. Reichen Sie die Soße dazu.

LIMONADENKUCHEN

1 Kuchen (ca. 12 Stk.)

30 Min.

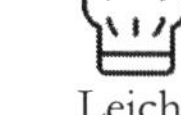

Leicht

Zutaten

Für den Teig:
2 Eier
50 g Zucker
1 Pck. Vanillezucker
60 ml Speiseöl
70 ml Fanta (oder andere Orangenlimonade)
80 g Mehl
40 g Speisestärke
1 Pck. Ahoj-Brause Zitrone

Für die Füllung:
200 g Mandarinen, Konserve (abgetropft)
1 Becher Sahne
1 Pck. Sahnesteif
1 Becher Schmand
150 ml Fanta (oder andere Orangenlimonade)
½ Pck. Vanillesoßenpulver ohne Kochen

Nährwerte p. P.

217 kcal
42 g Kohlenhydrate
4 g Fett
3 g Eiweiß
79 mg Kalium
204 mg Natrium
51 mg Phosphor

1 Heizen Sie den Backofen auf 160 Grad Ober-/Unterhitze vor.

2 Vermengen Sie alle Zutaten für den Teig zu einer homogenen Masse.

3 Geben Sie den Teig in eine gefettete Springform.

4 Backen Sie den Kuchen für 15 Minuten im Backofen.

5 Schlagen Sie in der Zwischenzeit die Sahne mit dem Sahnesteif steif.

6 Rühren Sie den Schmand und die abgetropften Mandarinen unter die Sahne.

7 Geben Sie die Sahne-Mischung über den erkalteten Kuchen.

8 Vermengen Sie Fanta und Vanillesoßenpulver in einem hohen Gefäß und schlagen Sie die Soße nach Anleitung auf.

9 Geben Sie die Vanillesoße sofort über die Sahne.

10 Stellen Sie den Kuchen für mindestens 2 Stunden kalt.

KNUSPERTALER

Ca. 40 Kekse | 25 Min. | Leicht

Zutaten

150 g laktosefreie Margarine
80 g Kokosblütenzucker, z. B. von Agava
1 Pck. Vanillezucker
200 g Mehl
½ TL Salz

Nährwerte p. P.

51 kcal
6 g Kohlenhydrate
3 g Fett
1 g Eiweiß
12 mg Kalium
6 mg Natrium
4 mg Phosphor

1 Schmelzen Sie die Margarine in einem kleinen Topf. Lassen Sie sie wieder erkalten.

2 Rühren Sie alle übrigen Zutaten unter die geschmolzene Margarine.

3 Kneten Sie daraus einen festen Teig.

4 Heizen Sie den Backofen auf 170 Grad Ober-/Unterhitze vor.

5 Rollen Sie 2 lange Rollen daraus. Schneiden Sie anschließend ca. 40 kleine Kreise daraus.

6 Drücken Sie diese etwas mit den Fingern an und verteilen Sie sie auf zwei mit Backpapier ausgelegte Backbleche.

7 Backen Sie die Kekse für 12 Minuten im Backofen.

8 Lassen Sie sie vollständig auf einem Kuchengitter auskühlen.

QUARKMOUSSE MIT HONIG

4 Port.

20 Min.

Leicht

Zutaten

300 g Quark
2 Msp. Mohn
Abrieb einer Orange
2 - 3 TL Honig
4 Blätter Gelatine
2 EL Orangensaft
100 g geschlagene Sahne

Zum Garnieren:
1 EL Orangenmarmelade, Erdbeeren und Johannisbeeren

Nährwerte p. P.

192 kcal
9 g Kohlenhydrate
12 g Fett
12 g Eiweiß
107 mg Kalium
36 mg Natrium
143 mg Phosphor

1 Vermengen Sie Quark, Mohn, Orangenabrieb und Honig miteinander.

2 Weichen Sie die Gelatine in entsprechend viel Wasser ein.

3 Drücken Sie sie anschließend aus.

4 Geben Sie sie mit dem Orangensaft in einen kleinen Topf.

5 Erwärmen Sie die Mischung langsam. Kochen Sie sie nicht auf.

6 Vermengen Sie sie anschließend mit der Quark-Masse.

7 Heben Sie jetzt die Sahne unter.

8 Verteilen Sie den Quark auf 4 Schüsseln und lassen Sie sie mindestens 2 Stunden im Kühlschrank ruhen.

9 Garnieren Sie den Quark mit Marmelade und den Beeren.

ERDBEER-TIRAMISU

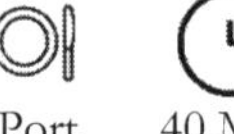

4 Port. 40 Min. Leicht

Zutaten

350 g Erdbeeren
2 EL Zucker
150 g Mascarpone
150 g Magerquark
1 EL Zitronensaft
1 Pck. Vanillezucker
120 g Löffelbiskuits
4 EL Orangensaft
Außerdem: Erdbeeren zum Garnieren

Nährwerte p. P.

365 kcal
31 g Kohlenhydrate
17 g Fett
11 g Eiweiß
295 mg Kalium
110 mg Natrium
220 mg Phosphor

1 Waschen Sie die Erdbeeren gründlich ab und entfernen Sie das Grün.

2 Pürieren Sie 100 g Erdbeeren mit 1 EL Zucker zu feinem Püree.

3 Rühren Sie Mascarpone, Magerquark, Zitronensaft, dem übrigen Zucker und dem Vanillezucker unter.

4 Schneiden Sie die übrigen Erdbeeren klein und heben Sie sie unter die Mascarponecreme.

5 Legen Sie eine kleine Auflaufform mit der Hälfte der Löffelbiskuits aus.

6 Beträufeln Sie diese mit 2 EL Orangensaft.

7 Verteilen Sie darauf die Hälfte der Mascarponecreme.

8 Schichten Sie das Tiramisu in dieser Reihenfolge weiter, bis alle Zutaten aufgebraucht sind. Je nach Größe der Auflaufform können Sie dabei 2 bis 3 Schichten erhalten.

9 Stellen Sie das Tiramisu vor dem Servieren mindestens 4 Stunden kalt.

10 Garnieren Sie es mit einigen Erdbeeren.